EDICT DV ROY,

PORTANT CREATION

d'vn Office de Conseiller de sa Maiesté & Tresorier General des Finances & Garde-seels en chacun Bureau desdites Finances, Auec Reglement & droicts attribuez ausdits Offices.

Verifié en Parlement le 20. Nouembre 1635.

A PARIS,
Par P. METTAYER, A. ESTIENE,
& P. ROCOLET, Imprimeurs ordinaires du Roy.

M. DC. XXXVI.

Auec Priuilege de sa Maiesté.

LOVIS par la grace de Dieu Roy de France & de Nauarre, A tous presens & à venir, Salut. Comme les Iurisdictions qui s'exercent ez Cours & Sieges de nostre Royaume, Païs, Terres & Seigneuries de nostre obeïssance, dependent & prenent leur force entiere de nostre authorité: Aussi les Sentences Commissions, Mandemens & actes importans qui s'y expedient & deliurent, doiuent pour la validité d'iceux, estre seellez de nostre seel. Ce que nos Ordonnances ont plusieurs fois enioint, à peine de nullité: Mesmes le feu Roy Henry deuxiéme par son Edict du mois de Decembre 1557. registré où besoin a esté, auroit creé & estably en chacun desdits Sieges Presidiaux de ce

Royaume, vn Garde-seel, auquel il seroit attribué la qualité de Conseiller & Garde du seel en chacun desdits Sieges Presidiaux, auec telles authoritez, prerogatiues, pouuoirs, assistances, rapports de procez, droicts & preéminences, qu'ont nos autres Conseillers desdits Sieges. Par autre Edict du Roy Charles IX. du mois de Iuin 1568. & Lettres de Declaration du 8. Feurier, 1571. aussi registrées où besoin a esté, fut crée & estably en tiltre d'office formé des Gardes de nostre seel en toutes nos Cours, ressorts & iuridisctions ordinaires & extraordinaires, forts & excepté és Chancelleries establies en nos Cours de Parlement & Sieges Presidiaux, aux pouuoirs, fonctions & émolumens portez par lesdits Edicts. Laquelle creation de Garde-seels, estant generale en toutes nos Cours & Sieges, à l'exception des Chambres des Coptes & Cours des Aydes, reseruées par les verifications desdits Edicts & Declarations, Il est assez manifeste qu'elle s'estend & doit auoir lieu aux Sieges des Bureaux de nos Finances establis en chacune des Generalitez de nostredit Royaume, & qu'il y ait à present d'autant moins sujet d'en douter, que la iurisdiction œconomique que nos Tresoriers generaux de France ausdits Bureaux, auoient pour la direction de nos Finances, a esté augmentee par l'attribution que nous leur auons depuis peu faite, de la iurisdiction contentieuse au faict de nostre Domaine. Toutefois pour ne laisser aucune ambiguité pour ce regard, & leuer la difficulté qui y pourroit naistre, attendu que iusques à present il n'y a esté pourueu, & donner par le moyen dudit Seel, la force & authorité, tant aux attaches, mandemens & ordonnances, que tous autres actes qui seront emanez des Bureaux desdits Tresoriers de France, Novs de l'Aduis de nostre Conseil, où estoient aucuns Princes de nostre sang, grands & notables personnages, & gens de nostredit Conseil, & de nostre certaine science, plaine puissance & authorité Royale; Avons en consequence dudit Edict du mois de Decembre 1557. & en interpretant & amplifiant lesdits Edicts & Declaration du mois de Nouembre 1568. & 8. Feurier 1571. Dit & declaré, disons & declarons, Qu'en la creation generale faite desdits Offices de Garde-seels en toutes nos Cours & Sieges tant ordinaires que extraordinaires, celle desdits Offices en chacun des Bureaux de nos Finances, est comprise. Voulons & ordonnons que toutes Ordonnances, Mandemens & autres actes, portans execution, qui s'expedient dans les Bureaux au faict de la Iurisdiction contentieuse de nostre Domaine, ensemble toutes Lettres d'attache, Baux à ferme, Commissiõs pour les departemens de nos Tailles, & autres expeditions concernantes la direction de nos Finãces, seront à l'aduenir seellees de nostre seel, qui pour cest effect sera estably ausdits Bureaux conformément ausdits Edicts & Lettres de Declaration, & iusques à ce que nostredit seel ait esté apposé, qu'elles soient de nul effect tant en iugement que hors iceluy, & ne puissent estre mises à execution. Ce que nous defendons tres-expressement aux Huissiers desdits Bureaux, & aux Officiers tant des Electiõs, Greniers à sel, que autres, d'en permettre ladite execution, & de faire aucunes leuees ny impositions en vertu d'attaches deliurées sur la Commission de nos Tailles, Lettres d'assiettes & autres expeditions non seellées: Et aux parties de s'en seruir, à peine de nullité & de trois mil liures d'amende, applicables la moitié à nous, & l'autre moitié à celuy qui aura la garde desdits seels. Au payemēt de laquelle amende, seront les contreuenans contraints par les voyes ordinaires & accoustumees pour nos propres deniers & affaires, nonobstant oppositions ou appellations quelconques, en vertu des escroues & contraintes signées desdits Garde-seels. Faisons en outre tres-expresses inhibitions & deffenses aux Greffiers desdits Burreaux, leurs Commis & à chacun d'eux, sur les mesmes peines & amende que dessus & de respondre en leurs noms de l'emolumét dudit seel, de deliurer aucunes desdites expeditions, ny les contre-signer, que prealablement elles n'ayēt esté seellees de nostredit seel. Et pour cest effect nous ordonnons qu'il sera estably en

chacun

chacun desdits Bureaux, Vn Garde de nostre seel, à l'instar de ceux de nos Cours de Parlement & des Aydes: Qui aura par deuers soy ledit seel & contreseel de nos armes de grandeur conuenable, pour seeller d'iceluy sur cire iaune en queuë pendante, toutes lesdites expeditions: Auquel les Greffiers desdits Bureaux, seront tenus de comuniquer tous leurs registres, pour par eux extraire tous les engagemens de nostre Domaine, faits tant par nous que nos predecesseurs Roys, afin qu'ils tiennent d'oresnauant registre de toutes les quittances de finance de nostredit Domaine engagé, creation d'Offices, & attribution de droicts hereditaires. Et dautant que les mesmes raisons qui ont meu les Roys nos predecesseurs, d'attribuer la qualité de Conseillers en nosdites Cours souueraines, à ceux qu'ils ont honorez de la

Garde de leurs seaux, nous obligent de faire le semblable en ceste occasion, Nous auons de nos mesme puissance & authorité cy dessus, creé & erigé, creons & erigeons en tiltre d'Office formé, Vn nostre Conseiller Tresorier de France General de nos Finances & Garde-seel en chacun Bureau de nosdites Finances, auec rang & seance selon l'ordre de sa reception, voix & opinion deliberatiue, mesmes celuy de la Generalité de Montpellier, à l'instar des autres Intendans de nos Gabelles de Languedoc. Lesquels Tresoriers de France & Garde-seels presentement creez, feront cheuauchées par ordre de departemens qui sera changé toutes les années, comme les autres Tresoriers ausdits Bureaux, & iouïront des honneurs, priuileges, franchises, droicts, exemptiós, prerogatiues, dont iouïssent, peuuent ne doiuent iouïr les autres Tresoriers desdits Bureaux. Et outre nous auons attribué à leur seul profit tous les droits & émolumens dudit seel : Et en amplifiant pour ce regard lesdits Edicts & Declarations, attendu que les affaires qui ordinairement en l'vne & en l'autre iuridiction susdite, sont importantes, leur attribuons par ces presentes les droicts cy apres declarez.

A S C A V O I R:

Pour le seel de chacune commission ou ordonance interlocutoire, qui s'expedieront au faict de la Iurisdiction contentieuse de nostre Domaine, Cinq sols.

Pour chacun seel d'ordonnance difinitiue au faict susdit, ou executoire de despens, Dix sols.

Pour le seel qui sera apposé à chacune attache données sur lettres de prouision, Quatre liures.

Pour le seel de chacune attaché qui s'expediera sur lettres de prouisions de Chappelles, Sergés de forests, Morte-payes, Gardesbois, Archers, Transports de Baux, de Maisons, Estaux, Bancs, Boutiques, Eschopes & places dependantes de nostre Domaine, Registrement des Mandemens de nostre Espargne, quittances de l'ordinaire de nos guerres & autres, Quarente sols. Et à cét effet nous ordonnons que d'oresnauant nosdits Tresoriers de France, mettront la presentation des mandemens & quittances par vn acte separé qui sera seellé.

Pour le seel des attaches qui seront expediees par les Greffiers des Bureaux sur les contracts, & quittāces d'engagement du Domaine, parts & portiōs d'iceluy, droits domaniaux ou hereditaires, attributions ou augmentations de gages & droicts, Lettres de don, pention, lots & ventes, bien-faits ou recõpenses, aubeines, confiscations desherances & autre de sẽblable matiere, des Baux generaux des Gabelles, Aydes, cinq grosses Fermes & autres qui s'adjugent au Conseil, Lettres de confirmation d'aduis, d'affranchissement, d'octrois, exemptions, remises & descharges des tailles & prix de Fermes, Lettres de cõmission, Admortissemẽts, Receptions de foy & hommage, Baux à ferme qui seront faits par lesdits Tresoriers desdits Bureaux pour raison dudit Domaine, Octrois, Barrages & autres, & de tous enregistremens non specifiez en ces presentes, Auront le dixiéme des droicts desdits Tresoriers generaux desdits Bureaux.

Pour le seel de l'enregistrement des Baux au rabais, des reparations necessaires aux maisons & bastimens Royaux, Fours & Moulins à ban, & autres dependances de nostre Domaine, Ouurages publics, Pōts, Pauez, Chaussees & autres reparations, dont les Baux monteront à Cinq cens liures & au dessous, Quatre liures : & de ceux au dessus à proportion iusques à la somme de Trois mil liures, Des mandemens & ordonnances de payemēs aux ouuriers de la somme de Trois cens liures, & au dessous, Quarante sols : & au dessus desdites Trois cens liures, à proportion iusques à la somme de Trois mil liures & au dessus à quelques sommes qu'elles puissent monter.

Pour le seel & enregistrement par extraict des Estats des comptables, prendront desdits Comptables Vingt sols pour mil liures, & à proportion iusques à Cent mil liures, Dont sera tenu compte ausdits Comptables, au dessus desquels Cent mil liures, ne pourront prendre aucune chose. Comme aussi ne prendront aucun droict pour le seel qu'ils apposeront aux attaches deliurees sur les Commissions de nos Tailles, Taillon, Creuës y iointes & grande Creuë de la gendarmerie, à cause des vingt sols pour mil liures à eux attribuez par ces presentes.

Pour le seel des attaches deliurees sur lettres d'assiettes de Trois cens liures & au dessous, prendront Quarante sols : & de celles au dessus desdites Trois cens liures, auront le neufiesme des espices desdits Presidents & Tresoriers de France.

Pour le seel des Ordonnances, qui seront deliurees sur requeste, Vingt. s.

FAISONS tres-expresses deffenses ausdits Conseillers Tresoriers Garde-seels leurs Cõmis, & à chacũ d'eux de prẽdre ny exiger plus grands droicts, que ceux cy dessus, à peine de concussion. Et pour leur oster tout suiet d'y contreuenir, ayant égard à la modicité desdits droicts, assiduité qu'ils sont tenus de rendre: Et pour leur donner moyen d'y vaquer dignement: Nous leur auons attribué & attribuons tels & semblables gages & droicts de presence, de buche, espices, & autres droicts dont à present iouïssent nosdits Tresoriers de France, A prendre, Sçauoir, lesdits gages, droicts de buches & de presence, sur les deniers de nos Receptes generales. Et pour en faire le fonds sans nouuelle imposition sur nos subiets, ny surcharge à nos finances, Nous auons reuoqué & reuoquons la leuée des deux deniers du parisis attribuez aux proprietaires du droict des droicts des Gardes des petits Seaux, Maistres Clercs, & doublement d'iceux, des Elections ressortissantes és Cours des Aydes de Paris, Roüen & Clermont-ferrand: Et ordonnons que les

les Proprietaires desdits droicts des droits, en seront rebourſez des deniers qui prouiendront de la finance desdits Offices de nos Conſeillers Treſoriers Generaux de France Garde-ſeels. Au lieu duquel pariſis, ſera leué annuellement ſur leſdites Electiōs, ſoixante dix mil ſept cens liures pour les gages deſdits Offices nouuellement creez, à commencer du premier Ianuier de l'année prochaine mil ſix cens trente-quatre, auquel temps la leuée dudit droict des droicts demeurera ſupprimée. SI DONNONS EN MANDEMENT à noſtre tres-cher & feal Cheualier & Garde des Seaux de France le ſieur Seguier, de faire lire & publier le Seau tenant, noſtre preſent Edict, & iceluy regiſtrer és regiſtres de l'Audience de noſtre Grande Chancellerie, Et à nos amez & feaux Conſeillers les Gens tenans noſtre Cour de Parlement à Paris, de le faire aussi registrer purement & simplement, pour estre executé, nonobstant oppositions ou appellations quelconques, pour lesquelles ne voulons estre differé, dont si aucunes interuiennent, nous en auons retenu & reserué la cognissance en nostredit Conseil, icelle interdisons & defendons à toutes nos Cours & autres Iuges Iuges, nonobstant aussi tous Edicts, Ordonnances, Mandemens, defenses, & choses à ce contraires, ausquelles, & à la deregatoire des dérogatoires y contenuës, nous auons dérogé & dérogeons par cesdites presentes. Et afin que ce soit chose ferme & stable à tousiours, nous y auons fait mettre nostre seel, sauf en autre chose nostre droict, & l'autruy en toutes: CAR tel est nostre plaisir. DONNÉ à Fontainebleau au mois de May, l'an de grace mil six cens trente-trois, & de nostre regne le vingt-quatriéme. Signé, LOVIS. à costé, VISA. Et plus bas, Par le Roy, DE LOMENIE. Et seellé du grand seau de cire verte sur lacs de soye rouge & verte.

Et encor est écrit:

Leu, publié et registré, Oüy ce requerant & consentant le Procureur General du Roy, et que copies collationnees à l'original d'iceluy, envoyées aux Bailliages Et Seneschaussees de ce ressort, Pour y estre pareillement leu, publié Et registré, Et executé selon sa forme et teneur, à la charge que les deniers en provenans, seront employez au payement des Gens de guerres, à peine du quatruple contre les ordonnateurs Et parties prenantes, A Paris en Parlement le Roy y seant, le vingtiéme iour de Decembre mil six cens trente-cinq:

Signé, DV TILLET.

www.ingramcontent.com/pod-product-compliance
Lightning Source LLC
LaVergne TN
LVHW020521230826
846091LV00008BA/3512

* 9 7 8 2 3 2 9 3 1 9 3 9 1 *